MÉMOIRE

SUR

L'ORGANISATION DU TRAVAIL

SUIVI

D'UN ESSAI PRATIQUE,

APPLICABLE

A L'INDUSTRIE DES BRONZES.

PAR AD. GOBIN,

ANCIEN OUVRIER MONTEUR EN BRONZES

Actuellement fabricant.

Réaliser le plus de bonheur possible pour le plus grand nombre possible, c'est du progrès.

PARIS.

PLACE DE L'ARSENAL, N. 4.

1848.

IMPRIMÉ CHEZ PAUL RENOUARD,
rue Garancière, n. 5.

MÉMOIRE

SUR

L'ORGANISATION DU TRAVAIL

CITOYENS,

Permettez-moi de vous soumettre mon opinion sur une question qui occupe toute la France en ce moment.

L'organisation du travail : cette question présentée dans un temps calme eût été accueillie avec empressement, présentée dans ce moment où les esprits ont la fièvre, elle nous effraie: L'organisation du travail, ce mot devrait au contraire nous rassurer, car il ne signifie pas désordre, il établit un principe tout pacifique, qui doit apporter l'ordre, en créant des droits et des devoirs qui régleront la grande société des travailleurs.

Le principe organisateur généralement adopté est l'association du capital, du travail et de l'intelligence; je m'occuperai d'étudier ces trois mots, dans leurs acceptions rationnelles, et dans leurs rapports entre eux, lorsque je vous soumettrai mon opinion sur la réorganisation du travail, que je fais précéder d'une étude de l'institution dans les temps anciens.

Le travail a subi les phases communes à toutes les choses humaines : chez les premiers peuples, il se divisait en castes héréditaires et obligatoires, dans les républiques grecques et dans la république romaine, les castes devinrent libres et viagères, et c'est, d'après une loi de Solon, qu'elles furent autorisées à se diviser en corporation par corps de métiers.

A Athènes ces corporations se réglementaient elles-mêmes et librement, pourvu qu'elles ne contrevinssent pas au droit public; à Rome, elles étaient réglées par les lois de l'État.

Les corporations s'établirent en France avec le commerce et l'industrie, et subirent les influences politiques des temps qu'elles eurent à traverser : organisées aux XIIe et XIIIe siècles, elles s'amoindrirent ensuite pendant un grand laps de temps pour se reconstituer plus fortement, sous les règnes de François Ier et d'Henri II, et se maintenir presque jusqu'en 1790.

Par leur organisation les corporations devinrent puissantes, et prirent un caractère religieux, civil et militaire ; elles se mirent sous la protection d'un patron, qu'elles choisirent dans le ciel et qu'elles placèrent sur leurs bannières ; elles se votèrent des règlements, établirent des caisses de secours et prirent dans l'État une autorité politique, en rapport avec leur puissance militaire ; elles élurent des chefs, et souvent firent la guerre, pour soutenir leurs droits, leurs intérêts et pour la défense du pays.

Ainsi, à ces époques reculées, on avait organisé le travail, selon les mœurs, et les besoins de ce temps-là, l'industrie et le commerce étaient réglés par certaines lois politiques et sociales, et divisés en corporations régies par des lois qui gouvernaient les maîtres et les ouvriers, sous le nom de jurandes.

Tous les travailleurs formaient une grande famille, établie par ordre hiérarchique de mérite et de capacité ; les ouvriers obtenaient par la maîtrise des grades qui les faisaient passer de la condition d'apprenti à celle de maître.

Le principe fondamental de cette organisation était la distribution obligée en autant de corporations qu'il y avait de corps de métiers. Quoique sous un régime féodal, les chefs de corporations étaient librement élus.

Lorsque Louis XIV tenta sans succès une réorganisation sur de nouvelles bases, il y avait à Paris six corps de marchands qui comprenaient le haut commerce ; le petit commerce était divisé en cent vingt-quatre corporations, indépendamment de dix-huit autres, qui n'avaient pas de position officielle.

Vous comprenez les avantages que l'industrie pouvait, dans ces premiers temps, retirer de l'existence de ces corporations qui, placées sous le régime des jurandes, établissaient les droits de tous, depuis l'apprenti jusqu'aux échevins ou prévôts.

Tous les rapports de ces différents ordres de citoyens étaient classés, réglés, engrenés, de manière à ne former qu'un seul corps; la part d'une sage et modeste ambition, celle de l'amour-propre des ouvriers y était faite, un but louable et satisfaisant y était offert aux efforts de l'homme capable et laborieux.

Telle fut, citoyens, l'organisation industrielle, forte et puissante de nos pères. Ce monument de la sagesse humaine, à l'époque où il fut créé, arriva presque jusqu'à nous, mais alors, l'abus avait remplacé la règle, les grands principes qui avaient constitué cet ordre de choses, n'existaient plus, le droit avait fait place au privilége, le monopole assurait à un petit nombre les avantages qui devaient s'étendre à tous, les derniers règlements n'avaient d'autre but que d'augmenter la fiscalité, déjà trop lourde à supporter, les lois de protectrices étaient devenues injustes et gênantes, les grades n'étaient plus la récompense du travail, du mérite, du talent, mais le privilége de l'incapacité dorée, honneurs et avantages étaient tarifés, et s'achetaient à prix d'argent; enfin les travailleurs et les consommateurs appelaient de leurs vœux des améliorations.

Cette organisation fonctionnait encore en 1790; on aurait pu la modifier, la réparer; mais l'Assemblée constituante la détruisit et proclama la liberté du travail. Le temps et les circonstances ne lui permirent pas de reconstituer cette grande organisation sur des bases libérales, en rapport avec les progrès de la science et les besoins d'alors.

Pendant un grand nombre d'années, ces deux branches si intéressantes et si considérables du travail, le commerce et l'industrie, ne furent soutenues que par la force des choses, n'étant gouvernées par aucunes lois, la guerre occupant alors tous les esprits et tous les instants.

Cependant en 1802, l'empire créa les chambres du commerce et des manufactures, institution sans force, n'ayant de rapports qu'avec l'autorité, sans lien avec le commerce et l'industrie, n'ayant d'ailleurs que des attributions limitées et une puissance consultative, elles ne rendirent pas les services que l'on pouvait attendre des hommes éclairés dont elles étaient composées.

En 1806, à la demande du commerce et de l'industrie, les prud'hommes furent créés à Lyon. Cette juridiction sage, éclairée, toute paternelle, a rendu d'immenses services au commerce de cette ville ; depuis, elle a été établie à Paris, et vous avez pu apprécier les effets de cette institution bienfaisante.

L'organisation du travail, avec une famille de travailleurs si considérable, privée d'éducation morale, abandonnée à elle-même depuis plus d'un demi-siècle, nous offre une tâche immense; mais, que Dieu nous inspire et fasse que, pour l'accomplir, nous soyons unis, sages, énergiques et persévérants!

Mettons-nous donc à l'œuvre, fouillons dans le passé, étudions le présent, interrogeons l'avenir, écoutons avec impartialité les jugements des savants, aidons-les à rester dans les limites du possible et à faire descendre la théorie jusqu'à la pratique.

Écoutons les novateurs, car lorsque Jésus-Christ est venu apporter sur la terre ces paroles de vérité qui remplissent le monde, il fut considéré comme un rêveur, un utopiste, un fou, un révolutionnaire; il parlait le langage de la paix, il prêchait l'amour de tous, il fut sacrifié comme dangereux.

Dix-huit cents ans ont passé sur les préceptes qu'il nous a enseignés et ne les ont pas vieillis; sa parole divine est encore jeune, pure et sublime; elle a été en vain commentée, altérée, amplifiée, complète dans son esprit, elle apporte au monde l'unité par la vérité.

Étudions les préceptes des hommes qu'il a inspirés, de ces profonds penseurs, qui ont cherché à appliquer aux corps sociaux, cette harmonie qui existe dans la nature; ils nous ont enseigné le progrès par la reconstitution de l'ordre; ils nous ont dit:

vouloir c'est pouvoir, lorsque le but est le bonheur de tous.

Pour y parvenir, il y aura sans doute de grands sacrifices à faire ; ne craignons pas qu'ils soient au-dessus de nos forces. A ceux qui se plaindront, nous dirons : ayez bon courage, espérez, les sociétés sont comme les corps animés, elles éprouvent de grands maux, lorsqu'elles sont sur le point d'enfanter de grandes choses.

Nous édifierons une institution forte et durable, en éloignant de nous cette pensée égoïste qui a prétendu organiser la société, en favorisant une classe à l'exclusion d'une autre ; c'est une organisation nouvelle que nous cherchons, nous travaillerons tous au bonheur de tous.

Nous éleverons la dignité du travailleur ; nous honorerons et récompenserons le travail, le mérite, la probité ; nous flétrirons la paresse, la déloyauté et l'inconduite.

Nous donnerons pour exemple, aux travailleurs, ces hommes laborieux qui, sans autre ressource que leur travail, sans autre puissance que leur intelligence, ont fondé des établissements devenus considérables, dont les produits ont établi, dans le monde entier, la supériorité de l'industrie française dans la fabrication artistique.

Je viens offrir mon faible concours à la reconstitution de l'organisation du travail.

J'ai fait tous mes efforts pour concilier le présent

et l'avenir, je me suis soumis aux grandes lois humaines : la nécessité et la possibilité ; j'ai accepté l'état de choses actuel malgré son imperfection, et j'ai tâché de le faire progresser jusqu'à l'association; j'ai respecté les droits acquis par le travail, et donné aux travailleurs la facilité d'arriver loyalement au bien-être et à la considération.

Les bases de mon projet sont :

L'instruction gratuite et obligatoire.

L'éducation morale et religieuse.

L'apprentissage professionnel complet.

Le nombre des apprentis limités.

Un travail sans chômage.

La création d'ateliers de secours.

La considération attachée au travail.

La participation de l'ouvrier dans les bénéfices, ou

La fixation d'un intérêt proportionnel.

Une caisse de secours mutuels pour les accidents et les maladies.

Une caisse de retraite pour les vieux ouvriers.

La régularisation des grades dans le corps des travailleurs.

La classification d'aspirants directeurs des ateliers.

La nécessité d'un diplôme de capacité, ou

La direction de l'atelier par un aspirant.

La marque de fabrique exigible.

La modification du livret.

L'établissement d'un chargé du placement des ouvriers.

L'abolition du travail dans les prisons pour les industries artistiques.

L'autorisation de porter des insignes.

L'association des travailleurs dans chaque industrie.

Enfin l'extension de tous les sentiments généreux, qui développent chez l'homme ces nobles passions, qui donnent le talent, le désir du progrès et font aimer le travail.

L'instruction primaire gratuite et obligatoire.

En comprenant dans cette instruction, comme l'étude principale et la plus utile à l'industrie, le dessin, cet art si agréable qui agrandit l'imagination de l'homme, augmente sa puissance de production, et lui est indispensable, quelle que soit la carrière que la providence lui destine.

L'instruction obligatoire.

Car le citoyen doit une part de son temps à la patrie; enfant, il doit lui sacrifier un temps déterminé, employé à son instruction, afin de pouvoir s'éclairer un jour sur ses droits, ses devoirs, et se mettre en mesure d'être utile à la société. En Saxe et dans plusieurs contrées de l'Allemagne, l'instruction gratuite est forte et obligatoire, aussi les populations laborieuses y sont-elles instruites et distinguées.

L'éducation morale et religieuse.

J'entends une éducation puissante, enseignant les droits et les devoirs des hommes; l'étude de la religion qu'il professe, le soin de son honneur, la défense de ses droits, ses devoirs envers la patrie et la société, envers ses parents et ses enfants.

L'apprentissage

Est la base de l'industrie, tous nos efforts doivent donc tendre à ce que cette instruction professionnelle soit complète, qu'elle ne soit pas confiée à des maîtres indifférents ou spéculateurs, qu'elle soit donnée à l'enfant par des hommes moraux et capables, qui prêchent d'exemple, et qui se fassent honneur de former des élèves instruits et laborieux, capables de donner de bons produits à l'industrie, de provoquer par l'extension de notre commerce, qui en sera la conséquence, de l'occupation pour un plus grand nombre de bras.

La limitation du nombre des apprentis

Serait réglée en proportion du nombre des ouvriers dont serait composé l'atelier, car la spéculation est descendue jusqu'à exploiter l'enfant qui vient apprendre un état, afin de vivre honorablement, et de se rendre utile à la société.

La spéculation consistait, à prendre un grand nombre d'apprentis, dont le maître, peu soucieux de les instruire, se servait comme d'un outil utile à la confection d'une ou plusieurs pièces seulement; l'habileté de ces enfants était stimulée par tous les moyens, on exigeait d'eux un travail forcé, souvent très-prolongé, on employait même les mauvais traitements.

De ces causes résultait nécessairement, un excédant de bras, tous les maux qu'engendrent l'oisiveté, et la misère, l'altération de la santé de l'homme, l'abrutissement de son imagination, son incapacité au travail, la confection de mauvais produits, la source d'une concurrence désastreuse, en un mot, la ruine du travailleur et de l'industrie.

Un travail sans chômage

Sera assuré aux ouvriers, et alimenté par les travaux de l'État, des ateliers de secours seront toujours ouverts, et classés par catégories, en rapport avec les diverses industries, les ateliers d'armes, offriront du travail aux ouvriers métallurgiques, les constructions et terrassements seront réservés aux ouvriers du bâtiment.

Une retenue en faveur de sa masse de retraite sera faite à l'ouvrier, et s'élevera avec le solde du travail de sa journée, afin que le maximum du prix qu'il touchera, ne puisse jamais atteindre celui qu'il pourrait espérer dans les ateliers industriels.

La considération attachée au travail.

Élevons une puissance immense, celle du mérite, du travail, du talent et de l'intelligence, développons ces vertus qui inspirent à l'homme le désir du bien, la probité, la gloire, honorons la mémoire des grands citoyens, qui auront rendu des services signalés à la patrie, encourageons cette noble émulation, qui rend l'homme capable des plus grandes choses, renversons cette fausse considération, qui se mesurait au nombre des écus, donnons au travailleur une place honorable dans la société, offrons un but louable à son ambition; et que l'homme laborieux, simple et modeste, qui a trouvé son bonheur dans l'agriculture, dans le progrès des arts, des sciences, dans le travail en un mot, puisse dire après une longue et utile carrière, j'ai vécu heureux, je meurs considéré.

La participation aux bénéfices.

L'association du travail du capital et de l'intelligence, peut s'appliquer aux deux genres d'ateliers qui ont existé dans le bronze, les uns sous le nom d'ateliers nationaux, les autres sous celui d'ateliers généraux.

Les ateliers nationaux ont été créés en 1831 : formés par l'association d'un certain nombre d'ouvriers, ils se composaient d'un banquier commanditaire, représentant le capital, de commissaires directeurs élus entre eux, représentant l'intelligence, et d'ouvriers et d'apprentis représentant le travail; dans ces ateliers, chaque membre de l'association a droit à une part relative des bénéfices.

La fixation d'un intérêt proportionnel dans les bénéfices.

Les ateliers généraux se composent d'un patron, qui représente le capital et l'intelligence, et d'ouvriers et apprentis représentant le travail, dans ces établissements, les ouvriers toucheraient en plus du prix de leur journée un intérêt fixe et proportionnel.

Ces deux genres d'ateliers peuvent convenir à l'organisation que je propose; en les laissant s'établir et fonctionner simultanément, le temps nous mettra à même de juger par la pratique, et par les résultats, du mode qui offre les avantages les plus réels aux travailleurs et aux consommateurs.

La caisse de secours,

Établie sous le régime de la mutualité, semblable à celle fondée par d'honorables industriels et qui fonctionnent depuis plusieurs années sous le nom de la fraternité, offrirait à tous les travailleurs de l'association des secours dans le cas d'accidents et de maladies.

La caisse de retraite

S'établirait par deux contributions, l'une de deux pour cent prélevée sur le salaire de l'ouvrier, l'autre par sa part proportionnelle dans les bénéfices, ou par l'intérêt fixe et proportionnel payé par l'entrepreneur.

En supposant que ces deux contributions réunies donnent 5 pour cent du salaire, et que le salaire d'une année moyenne s'élève à 1000 fr., l'ouvrier aura chaque année 50 fr. à placer dont le capital et l'intérêt composé pendant trente ans produiront une somme de 3,634 fr. 45 cent.

Le travail forcé, l'insalubrité de certaines professions et la fréquence des accidents, rendant la mortalité considérable dans les classes laborieuses, ferait que cette somme mutuellement héréditaire, serait doublée dans le cours des trente années.

La retraite, obtenue après trente ans de travail et au moins cinquante ans d'âge, s'établirait donc sur un capital de 7,268 fr. 90 cent. qui donnerait viagèrement à l'ouvrier une rente de 600 fr. sans le secours des dons particuliers, ni de l'État ni des communes (1).

Sans doute cette retraite serait modeste, mais elle suffirait au travailleur pour vivre en communaute ou dans sa famille.

(1) Le patron paierait sa part entière de cotisation d'après un capital qu'il aurait fixé lui-même; il jouirait après 30 ans du bénéfice de la retraite.

L'ouvrier assuré d'un travail permanent, à l'abri des privations que lui imposent le manque d'ouvrage, les accidents, les maladies, n'ayant plus à craindre le paupérisme sur ses vieux jours, devenu possesseur, se moraliserait, et content du présent, heureux de l'avenir, débarrassé des peines, des tourments et de la misère qui l'accablent, il donnerait tout son temps et ses soins à son travail et à sa famille.

L'établissement de grades dans l'association.

Proclamons et adoptons le grand principe de l'égalité, rapprochons les degrés de l'échelle sociale, de manière à ce que tout homme puisse les monter sans péril; offrons un but à toute noble ambition, appelons tous les travailleurs à la considération, à la fortune; élevons le pauvre et l'ignorant jusqu'au riche et au savant; ne faisons pas descendre jusqu'au pauvre, l'homme qui a acquis du bien-être par son travail et son intelligence, et descendre jusqu'à l'ignorant, le savant qui a fait le bonheur et la gloire de sa patrie: honorons et récompensons chacun selon ses œuvres.

Les grades qui existent déjà dans l'industrie, sous la dénomination d'apprenti, d'ouvrier, de contremaître, de maître, seraient reconnus classés dans l'organisation nouvelle, et se diviseraient en quatre dégrés : l'apprenti, l'ouvrier, l'aspirant et le patron.

La faculté de s'élever par son talent et son mérite, stimule l'homme, le moralise, donne à l'ouvrier capable l'occasion de se distinguer en le plaçant par son instruction et son travail à un grade supérieur, et éteint en lui cette ambition qui l'égare; celle de sortir de son état pour escalader les degrés de l'échelle sociale.

L'apprenti

C'est l'enfant qui arrive dans la carrière industrielle pour apprendre le métier qu'il veut professer, dont l'instruction professionnelle doit être complète.

L'ouvrier

Serait l'apprenti qui, après quatre années, passerait à ce grade par la simple obtention d'un brevet d'apprentissage, qui lui serait délivré par le patron de l'atelier dans lequel il aurait appris son métier.

L'aspirant

Devrait posséder, outre des connaissances générales, une instruction spéciale à l'industrie qu'il professe, il n'obtiendrait le diplôme qui lui conférerait ce grade qu'après avoir subi un examen de capacité :

Par exemple, pour la fabrication des bronzes, il devrait savoir lire, écrire, connaître les éléments de la langue française, un peu d'arithmétique, dessiner une figure et un ornement d'après la bosse, avoir des connaissances relatives à toutes les parties de la fabrication du bronze, et présenter sur ses états de travail, des ouvrages qui le fassent reconnaître comme un ouvrier capable par les jurés chargés de lui délivrer son diplôme de capacité.

Cette institution offrirait des avantages inappréciables sous le rapport moral, commercial et industriel.

Sous le rapport moral, l'étude et le travail inspirent à l'homme le sentiment de ses devoirs, excitent en lui la louable ambition d'employer toutes ses forces vitales et intellectuelles au progrès, l'appellent à des plaisirs d'un ordre plus élevé, et y engagent ceux qui veulent le suivre dans la carrière.

Le commerce trouverait dans cette institution de grands avantages et des garanties; la surveillance des ateliers et les soins apportés à la confection du produit, étant confiés à des hommes instruits et éclairés ayant fait preuve de capacités pratiques, lui assureraient de bons produits et un fabrication progressive.

Les patrons pourraient choisir dans cette pépinière de jeunes gens, ayant une éducation professionnelle complète, pleins d'ardeur et d'énergie, désireux de faire honorablement soutenir à notre industrie la concurrence étrangère, des hommes capables de les seconder et de bien diriger leurs ateliers.

Les aspirants auraient, sur les ouvriers qu'ils seraient appelés à diriger, cette grande influence morale que possède l'homme qui a passé par tous les grades, et dont les capacités manuelles et intellectuelles ont été reconnues par tous; habitués au travail ils donneraient l'exemple du courage et de l'assiduité; enfin cette classe d'aspirants offrirait une place dans l'industrie à des jeunes gens instruits et distingués.

La nécessité d'un diplôme.

La direction des ateliers par un aspirant serait exigée pour tout entrepreneur qui, n'ayant pas de diplôme, voudrait créer un établissement industriel.

Cette exigence ne serait pas une atteinte portée à la liberté industrielle, puisque tous les ouvriers seraient aptes à obtenir ce diplôme sans aucuns frais, ce serait une garantie donnée par le producteur à la société, ce serait l'assurance d'une bonne fabrication et du perfectionnement de nos produits.

Cette obligation procéderait de la même loi, qui veut que l'homme qui se destine à une carrière sociale donne des preuves de capacité. Ainsi, l'homme qui se destine à la carrière militaire fait des études pour obtenir son brevet, avant de passer officier de terre ou de mer, avant d'inscrire un avocat au tableau, on exige de lui des études très-longues, des examens et un stage; et la loi punit le médecin qui exerce sans diplôme.

La marque de fabrique.

C'est la signature du fabricant sur son œuvre, elle

empêche la fraude par la contrefaçon, elle est la garantie du consommateur, elle lui assure la qualité et la perfection qu'il cherche; par elle, le succès du produit devient la représentation vrai du degré de confiance que l'acheteur accorde au producteur, elle empêche la concurrence du mauvais fabricant, qui ne peut plus, par une similitude exacte du bon produit, offrir au commerce une marchandise de mauvaise qualité, elle engage l'ouvrier capable à perfectionner ses produits, en lui donnant l'assurance qu'il ne peut être imité, nul objet ne pouvant être vendu sans porter sa marque.

La modification du livret.

La seule organisation que l'industrie ait reçue de l'empire, serait remplacée par un brevet délivré à la municipalité de l'arrondissement, sur le certificat du patron de l'atelier où l'enfant aurait fait son apprentissage ; ce brevet lui constituerait le grade d'ouvrier.

Des états de travail seraient fournis à l'ouvrier par le patron dont il quitterait l'atelier, et seraient portés à la suite de son brevet, par un employé de la municipalité : une feuille de décompte y serait annexée et porterait les sommes qu'il aurait déposé pour sa masse de retraite.

Ainsi, en conservant les mesures d'ordre nécessaires, on donnerait à cette institution un caractère plus libéral, des formes plus convenables, plus en rapport avec nos mœurs, et l'ouvrier, le soldat de la paix, se ferait honneur de ses travaux comme le guerrier de ses campagnes.

L'abolition du travail dans les prisons

Ne devra pas laisser les prisonniers dans l'inaction qui les mettrait pour toujours à la charge de la société en les exposant à devenir fous ou idiots; des compagnies de discipline seraient formées des détenus civils qui pourrissent moralement et physiquement dans les prisons, et employées au défrichement des terres incultes qui couvrent encore une partie du sol de la France. L'instruction, les conseils de la religion, et surtout le travail assidu à l'air libre, seraient de puissants moyens de guérir ces imaginations maladives qui enfantent le crime; la preuve, c'est que l'homme qui devient criminel n'est jamais celui qui travaille le plus, mais presque toujours celui qui travaille le moins.

L'autorisation de porter des insignes.

Les travailleurs établis par association seraient autorisés à porter en public les insignes de leur grade et de l'association à laquelle ils appartiendraient.

Ces insignes auraient pour objet de créer l'esprit de corps, d'isoler les hommes qui ne font pas partie de la grande famille des travailleurs, de rapprocher, de lier entre eux, d'engager à se porter réciproquement aide et appui, les hommes d'une même association ; enfin, d'obliger les travailleurs à respecter leurs insignes en conservant en public une tenue convenable et une conduite irréprochable.

L'association des travailleurs dans chaque industrie.

Je n'ai pas la prétention de résoudre les questions qui se rattachent à l'œuvre immense et trop au-dessus de mes forces, de l'organisation générale du travail.

Mais, si le travail attend des lois qui le régissent dans son ensemble, les industries n'attendent pas avec moins d'impatience des règlements spéciaux qui les prépareraient à recevoir les bienfaits de l'organisation générale.

C'est à cette tâche plus en rapport avec mes forces que je me suis appliqué, et je viens avec confiance soumettre à votre jugement un essai pratique relatif à l'industrie des bronzes (1).

Le principe que j'adopte est la réunion d'une grande famille de travailleurs d'une industrie spéciale, établie sous le titre d'association, se réunissant pour régler ses intérêts, défendre ses droits, se donner un pouvoir basé sur l'élection, remontant hié-

(1) J'entends par industrie des bronzes tous les ouvriers travaillant le métal vulgairement appelé cuivre jaune.

rarchiquement jusqu'au pouvoir central, organisateur et directeur du travail.

Permettez-moi d'indiquer brièvement la hiérarchie des pouvoirs, placés entre la délégation, composant le bureau de l'association et le pouvoir central.

Le pouvoir central, placé au premier degré, se composerait d'un président, d'un conseil, et s'appuierait sur une commission des délégués des différentes industries.

Une grande force d'action et une grande puissance de rayonnement lui seraient nécessaires afin de faire pénétrer et pratiquer les principes organisateurs aux extrémités de la grande famille des travailleurs.

Ce pouvoir se diviserait au second degré en chambres d'agriculture, du commerce et de l'industrie. Ces chambres releveraient du pouvoir central et des ministères qui leur sont spéciaux; elles formeraient un lien puissant entre la haute administration d'une part, et le commerce et l'industrie de l'autre.

Composées des capacités d'élite, choisies par l'élection parmi les travailleurs, ces chambres inspireraient à tous une grande confiance, et par leurs attributions, se trouveraient chargées de porter au commerce et à l'industrie des conseils sur les affaires de la France et de l'étranger, aux associations sur leurs règlements administratifs, et à l'État elles offriraient les conseils de leur expérience pratique, si nécessaire à la préparation des lois organiques relatives à l'industrie.

Le troisième degré se composerait des conseils de prud'hommes, divisés par catégories, représentant chacune un certain nombre d'associations compatibles entre elles et susceptibles d'être gouvernées par lesê mes règlements généraux.

Les attributions de cette institution seraient considérablement augmentées et deviendraient administratives, consultatives, et au besoin répressives. Les membres seraient élus par les travailleurs des associations réunies.

Cette bienfaisante institution, en obtenant des attributions plus larges, augmenterait le nombre des services qu'elle a déjà rendus au commerce et à l'industrie.

La puissance médiatrice de chaque conseil s'étendrait non-seulement sur les patrons, mais encore sur les différentes associations dont se composerait sa catégorie.

Le quatrième pouvoir se formerait du bureau des délégués, de l'association de l'industrie générale des bronzes.

Cette association (1) comprendrait en une même famille tous les ouvriers dont le travail particulier est

(1) Parmi les avantages qu'offrirait la réunion des travailleurs, j'indiquerai la possibilité de l'établissement d'une caisse d'escompte qui s'alimenterait des réserves ou fonds de masse de l'association.

nécessaire à l'achèvement du produit ; elle se diviserait en sections représentant la division du travail par spécialité. Ainsi les fondeurs, ciseleurs, monteurs et doreurs, pourraient former autant de sections séparées.

Les fabricants pourraient aussi se fractionner en sections représentant les nuances de la fabrication, mais relevant directement de l'administration centrale de l'association.

Les patrons de l'association éliraient tantôt dix, tantôt onze syndics, qui formeraient une partie du bureau ; les ouvriers délégués des sections en nombre égal à celui des patrons, éliraient de leur côté tantôt onze, tantôt dix syndics, pour former l'autre partie du bureau; le nombre impair étant nécessaire, afin d'amener dans les discussions une majorité forcée, dans le cas où il y aurait partage entre les membres du bureau; ce droit d'élire onze membres appartiendrait alternativement aux patrons et aux ouvriers.

Le nombre des ouvriers étant beaucoup plus grand que celui des patrons ils se réuniraient par fraction de section, afin d'élire autant de délégués qu'il y aurait de patrons.

Ces délégués seraient chargés, 1° de la comptabilité de leur section, 2° de l'élection des syndics, 3° de la délibération sur les questions soumises aux assemblées générales.

Les syndics réunis choisiraient entre eux un président, deux trésoriers et deux secrétaires.

Le pouvoir du bureau serait administratif, financier, consultatif et médiateur; une commission composée de quatre patrons et de quatre ouvriers serait prise parmi les membres du bureau pour former le jury de capacité.

Le pouvoir administratif s'étendrait sur tout ce qui aurait rapport aux affaires de la société, il voterait ses règlements, préparerait les statuts de l'association, les soumettrait à l'Assemblée générale, établirait les règlements relatifs à l'ordre du travail dans les ateliers, à leur salubrité; il surveillerait l'exécution des règlements, il s'assurerait de la bonne conduite des apprentis, exercerait sur eux une autorité toute paternelle, enfin ouvriers et patrons réunis demanderaient au pouvoir central les améliorations que le temps rendrait utiles, rechercheraient, et proposeraient tous les moyens de perfectionner notre fabrication, et de donner de l'extension à notre industrie.

Son pouvoir financier embrasserait tous les intérêts de l'association, recouvrements, placements, paiements, affaires litigieuses et contentieuses.

Il se diviserait en quatre caisses distinctes :

La caisse des patrons relative à la protection de la propriété de leurs modèles, alimentée par leur cotisation annuelle et le revenu de leur cotisation principale.

La caisse de bienfaisance alimentée par une cotisation volontaire, serait chargée des dons gratuits et d'offrir des secours aux ouvriers ou à leurs familles.

La caisse de secours mutuelle, fondée par une première mise, alimentée par un versement mensuel, divisé entre tous les travailleurs et égal aux sommes réparties le mois précédent entre les ouvriers blessés ou malades.

La caisse de retraite, qui offrira à tous les travailleurs une pension viagère, sera alimentée par un prélèvement de deux pour cent sur le salaire de l'ouvrier, et par la contribution du patron offerte soit par une participation dans les bénéfices, soit par un intérêt fixe et proportionnel consenti entre les patrons et leurs ouvriers, et accepté par le bureau.

Comme pouvoir médiateur les syndics auraient à connaître des différends qui s'éleveraient entre les patrons, de ceux des ouvriers avec leurs patrons, des discussions des ouvriers entre eux et à les renvoyer devant le conseil de prud'hommes, en cas de non-conciliation.

Parmi les améliorations dont le bureau aurait à s'occuper immédiatement, je signalerai la sévère répression de l'imitation servile, ce mal rongeur qui mine les fabriques les plus considérables, enchaîne le génie de la création, paralyse les efforts d'intelligence des imitateurs, qui trouvent dans les créations des autres des aliments à leur fabrication, nuit au développement du commerce, en représentant dans plusieurs maisons le même modèle, qui n'offre une différence que par le prix et la qualité; engage l'acheteur à donner la préférence au mauvais produit, à cause de son bas prix, établit entre les confrères une concurrence désastreuse, puisqu'elle engage à mal fabriquer, et une misérable lutte de prix lorsqu'elle devrait être d'intelligence.

En détruisant cette plaie de l'industrie et particulièrement du bronze, ce sera compléter les services qu'a rendus la réunion des fabricants de bronzes en contribuant à assurer la propriété des modèles.

Je crois avoir démontré que le travail est susceptible de recevoir une organisation utile, en lui donnant une bonne direction; l'esquisse des règlements qui ont gouverné l'industrie dans les temps anciens, que je vous ai tracée, vous a prouvé que l'ordre est compatible avec l'art, le progrès et la richesse :

Les chefs-d'œuvre de Rome, de la Grèce, ceux du moyen âge et de la renaissance, et la fortune des corporations en sont des preuves incontestables.

Travailleurs d'une belle industrie, prenons l'initiative d'une reconstitution forte et puissante, prenons pour base cette réunion dont de sages fondateurs ont doté notre industrie, agrandissons ses attributions, ne formons qu'une famille, que les patrons tendent fraternellement la main à leurs ouvriers pour les aider à monter les degrés de l'échelle sociale, faisons tous nos efforts pour que ces hommes laborieux soient heureux, leur bonheur se reflétera sur nous et nous rendra plus heureux nous-mêmes.

La solidarité d'intérêts que nous établirons entre nous et nos ouvriers, donnera au travail l'ensemble nécessaire pour atteindre le but de tous, le succès, la prospérité, et chaque membre de cette grande famille rivalisera d'efforts pour perfectionner notre industrie, et soutenir notre supériorité sur l'industrie étrangère.

Que le droit, le devoir, la raison soient les principes de l'organisation du travail, dans laquelle le commerce et l'industrie puiseront une nouvelle force et une plus grande extension.

Unis, nous travaillerons tous de cœur et d'âme à élever au premier rang industriel la France, cette grande nation qui donne l'impulsion à l'Europe, et qu'aucune nation ne surpasse dans les arts, les sciences et la littérature.

Imprimé chez Paul Renouard, rue Garancière, n. 5.

www.ingramcontent.com/pod-product-compliance
Ingram Content Group UK Ltd.
Pitfield, Milton Keynes, MK11 3LW, UK
UKHW020441220726
13923UKWH00005B/2262